Las primeras veces

HOMBRES QUE HABLAN (SINCERAMENTE) DE SEXO (4)

Josep López Romero

I

"En la vida hay dos cosas importantes: el sexo y…y… Bueno, ahora no me acuerdo de la otra".
Woody Allen

CONTENIDO

PRESENTACIÓN

Esta serie de libros nace de un reto: ¿podríamos reunir un grupo de hombres que hablaran sinceramente de su sexualidad? En contra de mis previsiones, no fue excesivamente difícil. Poco a poco se fue generando una gran complicidad entre los participantes y abordamos, con seriedad, profundidad y humor, una serie de temas que podríamos decir que componen un mosaico de la sexualidad masculina de hoy en día: las primeras experiencias, el sexo en pareja y fuera de ella, sexo y/o amor, placer propio y placer ajeno, la angustia de cumplir con la pareja, lo que gusta y lo que no, el sexo a lo largo de la vida, los problemas sexuales, el uso (más extendido de lo que yo pensaba) de la viagra, el sexo y las drogas, la prostitución, la pornografía, el sida, la educación sexual, la homosexualidad, etc.

Las primeras veces es el cuarto libro de una serie de cinco escritos a partir de estas conversaciones.

LOS PROTAGONISTAS

Teo: 39 años. Profesor en una escuela de formación profesional. Después de varias relaciones, ha empezado a vivir en pareja por primera vez hace dos años. Es heterosexual y nunca se ha planteado otras opciones.

Marc: 36 recién cumplidos. Técnico de laboratorio. Alto, moreno, con el pelo rapado al uno para disimular una alopecia incipiente. Casado y con una niña de 3 años. Bisexual no del todo convencido.

Manu: 43 años. De física contundente, coronado con una melena y una barba entrecanas. Se emparejó por primera vez con 18 años y tuvo dos hijos. Luego vivió durante 15 años con otra mujer. Ahora tiene una pareja/amante estable, aunque no conviven.

Eduard: 52 años. Responsable médico de un centro hospitalario. Delgado, moreno y de pelo muy corto, con una bien rasurada barba. Casado por segunda vez, tiene dos hijos, uno de cada matrimonio.

Mario: 53 años. Pintor de reconocido prestigio. Erudito y provocador. A pesar de la edad y las gafas de ver de cerca, conserva un marcado aire de *enfant terrible*. Ha vivido en pareja tres veces y tiene hijos adolescentes.

Serge: 39 años. Socio de una agencia de publicidad. Luce perilla minimalista y sonrisa perenne, a menudo socarrona. Es el único del grupo declarada y abiertamente homosexual. Vive en pareja desde hace seis meses y ha tenido otras relaciones anteriormente.

Pol: acaba de pasar la fatídica barrera de los 40 y eso le preocupa. Consultor de Recursos Humanos. Tímido, de movimientos discretos y un tanto felinos. Se casó hace quince años, se divorció y ahora vive en pareja y tiene un hijo pequeño.

Albert: 46 años. Psicopedagogo dedicado a la investigación y la docencia. Excelente orador: usa la palabra con convicción y sin imposición. Actualmente vive solo, pero ha vivido casi siempre en pareja, de forma estable con dos mujeres. Hetero convencido.

Tino: 37 años. Agente comercial de productos de aromaterapia. Tímido y de mirada intensa, camuflada tras los rizos que le caen sobre la cara. Viste con elegancia de película tarantiniana. Casado por segunda vez hace poco. Una hija casi adolescente.

Quim: 53 años. Empresario. Casado, como él dice, "desde hace una eternidad". Risueño y vivaracho, su actitud entusiasta contrasta con cierto aspecto de "señor mayor". Corpachón grande que, no obstante, mueve con soltura.

Chema: 43 años. De estatura mediana y complexión fuerte. Lo que más destaca en su aspecto es el pelo rubio siempre revuelto. Uruguayo, vive desde hace casi dos décadas en Barcelona. Soltero y sin una relación estable. Apasionado del arte.

Raúl: 27 años. Socio de una editorial especializada en deportes de aventura. Alto y muy delgado, gafas de montura de pasta, cara de buen chico, aunque detrás de esa apariencia es puro nervio. Fuma sin parar y habla deprisa. Soltero, sin compromiso y sin intención de tenerlo.

SEX, DRUGS AND...
¡OSTRAS!

- El alcohol es peligroso –advierte Marc-. En los dos únicos gatillazos que he sufrido con mujeres el factor común fue que habíamos bebido mucho, tanto ella como yo. Así que creo que beber mucho no sólo no ayuda, sino que puede estropearlo todo. Ahora bien, una cenita previa, con un buen vino en su dosis justa, puede ayudar mucho.

- Pero, ¿por el alcohol o por la situación que creas? – pregunta Quim.

- Diría que influyen las dos cosas. Yo reconozco que un par de cervezas a veces me dan un punto de desinhibición que no consigo sin ellas.

- Una vez –explica Chema- recomendé a un amigo que fuera a una coctelería de moda para ver si finalmente se ligaba a una chica que le gustaba mucho y la recomendación resultó un desastre. Empezó a beber *gimlets* y acabó vomitando delante de la chica.

- Claro –confirma Eduard-, es que como dice Marc, la bebida también puede ser contraproducente si te pasas.

- Sin embargo, mezclar drogas y sexo es otra cosa –dice Chema, cambiando el tercio-. Puedes tener experiencias sublimes. No digo que las drogas no sean peligrosas, pero si las tomas sólo de forma experimental y ocasionalmente puede ser una vivencia interesante.

- Estoy de acuerdo contigo –coincide Raúl-. Yo no puedo con el alcohol, que en contra de lo que mucha gente cree es una de las drogas más fuertes y peligrosas que existen. Yo con 16 años cogí una trompa monumental de ginebra, tan bestia que incluso acabé en el hospital, y desde entonces desarrollé una especie de bloqueo hacia el alcohol. Pero no hacia otras drogas, de modo que decidí informarme a fondo de sus efectos, de su toxicidad, etc. Y empecé a experimentar con todas las drogas que tenía a mi alcance, menos con la heroína. Lo hice de forma moderada, eso sí, entre otras cosas porque siempre he estudiado y he trabajado, de manera que tenía que ser responsable.

- ¿Os habéis metido alguna vez algo para *chingar*? –pregunta Teo, que añade un nuevo verbo a coger y follar-. ¿Habéis probado una cosa que se llama *poppers*?

La mayoría niega con la cabeza (yo también). Mario, al que el tema le produce repelús, pide que no hagamos broma con las drogas, lo que no impide que Chema, que parece estar muy al cabo de la calle, nos ilumine con respecto al tema de los llamados *poppers*.

- Es una droga sintética que gusta mucho a los *gays*. Es un vasodilatador. La utilizan mucho los homosexuales para prácticas un poco salvajes. Por lo visto te pone como una moto y potencia el placer, pero también tiene el riesgo de que se toman menos precauciones y eso puede facilitar el contagio del sida.

Algunos miramos automáticamente a Serge.

- Sí, es cierto, los tiempos han cambiado también en el mundo *gay*. Ahora hay mucha droga, mucha. Y la mayoría de tíos van muy pasados de vueltas.

- Es el mundo del vicio –confirma Raúl, que añade-: Del hedonismo apocalíptico. Yo lo he vivido durante años, a veces asociado al tema de la música electrónica y las fiestas *rave*.

- Yo lo viví un poco durante un tiempo –vuelve Serge-, aunque no tan exagerado, y la verdad es que, aunque era excitante, llegó un punto en que me sentía muy triste. Llegué incluso a plantearme ir a un psicoterapeuta. Si no lo hice fue porque encontré el apoyo que necesitaba en un grupo de amigos y amigas.

- Yo probé una vez los *poppers* –cuenta Teo, que es el que ha lanzado la pregunta-, pero fue horroroso, me cortó el rollo. Tiene un aspecto como eso que se pone en la comida japonesa... ¿cómo se llama?

- Wasabi –ilustra Quim.

- Sí, eso.

Los semblantes de la mayoría de miembros del grupo se han tornado serios. Supongo que en gran parte por el tema en cuestión, pues quien más quien menos debe tener algún amigo o conocido que ha sufrido a causa de la droga.

- Esa droga en concreto no la he probado –explica Chema-, pero otras muchas sí. Y he tenido algunas experiencias muy buenas. Unas cuantas veces he follado con dos mujeres a la vez y ha sido después de consumir drogas. Y también he tenido alguna experiencia sadomasoquista, no muy fuerte, y sin cuero ni toda esa parafernalia. Y la verdad es que eso me pone mucho.

- Yo cosas fuertes no –explica Eduard-, pero porros...

- ¡Ah, sí, porros sí! –lanza Marc-. Por cierto, yo tenía una amiga, una chica que estaba buenísima, que me explicaba que ella siempre intentaba que los tíos se fumasen un porro con ella antes de follar, por lo visto porque de esa manera no iban tan a saco, sino que se tomaban su tiempo. Y ella así disfrutaba más.

- Yo con porros he tenido experiencias muy guapas... -añade Eduard con una sonrisa evocadora.

- Yo también –se suma Manu, cuyo aspecto *rockero* parece confirmar, por una especie de prejuicio estético que no niego, lo inevitable de su afirmación-. Con la marihuana, sobre todo. La *maría* me sienta fantásticamente.

- Yo lo que también he probado –afirma con total desinhibición Chema- es la Viagra. Y es alucinante.

- La viagra –explica Raúl- se está extendiendo mucho por las discotecas y los *afters*. Se la venden a la peña joven a la salida de los locales, por si van muy colocados de otra cosa y tienen miedo de no responder en la cama. Yo no lo he probado nunca, pero creo que debe ser peligroso mezclar drogas.

- Yo sí la he probado –cuenta Manu-. Tuve un problema en un testículo y a causa de eso me la recetaron. Y coincido con Chema en que es impresionante.

- Pero, ¿qué es lo impresionante? –pregunta Marc-. ¿Aumenta el placer o simplemente mantiene la erección más tiempo?

- No sólo te mantiene la erección –explica Chema-, sino que después de una erección puedes volver a tener otra mucho antes.

- Vuelves a cuando tenías quince o veinte años –ilustra Mario, aunque no detalla si él la ha probado o habla de oídas.

- Exacto –confirma Chema-. Es justo así. Tienes unas erecciones que a los cuarenta ya no son normales...

- Pues yo he tenido mejores erecciones a los cuarenta que a los veinte... -replica Eduard, en su línea habitual de contrarrestar las categorizaciones.

- Bueno –acepta Chema-, supongo que es lo de siempre, que no hay dos personas iguales.

- Yo también la he probado –explica Albert-. Durante un breve período de mi vida tuve que tomar antidepresivos y en seguida me dí cuenta de que la medicación inhibía el deseo sexual, así que me fui al psiquiatra y le dije: "Pero, tío, ¿qué me has dado? Esto es horrible". Y me respondió: "Tranquilo. Tómate esto". Y me dio una cosa que no es Viagra, pero se parece. Se llama Cialis. Es similar, pero el efecto es más prolongado, dura 48 horas o así.

- ¡¿Y estás 48 horas con erección?! –pregunta Teo con cara de susto.

- No, no –corrige Albert-. Lo que pasa es que al menor estímulo se te levanta. Lo probé y fue fantástico. Aunque también desconcierta, porque la mujer con la que estás se da cuenta de que aquello no es normal. Me refiero a que te toca y ya estás a punto.

Mario, cuyo semblante se ha mudado a serio en cuanto hemos aterrizado en el tema de los estupefacientes, no puede resistirse a hacer un análisis racional del tema de los estimulantes y llevarlo a su terreno:

- Lo que pasa es que la mayoría de sustancias que pasan por afrodisíacas son en realidad desinhibidores o energéticos. Es decir, no son verdaderamente afrodisíacos. Yo os recomiendo un gran energético: las ostras. Tú te trincas una docena de ostras para cenar y luego no hay quien te pare.

- Lástima, a mí no me gustan las ostras…-se queja Marc-. Pero bueno, haré un esfuerzo.

- Las ostras van muy bien para la resaca –vuelve a iluminarnos Chema.

- Las ostras y el Bloody Mary –aporta Mario.

- ¡Jo, qué aristócratas! –lanza alguien que no acierto a identificar.

- A mí lo que me funciona es la comida picante –vuelve Teo-, el chile y cosas así.

- Ya ves, Quim –concluye Mario-, en la próxima comida con tu amiga, la secretaria, la invitas a ostras y a algo que lleve chile. Y el alcohol ni probarlo, por si acaso.

- No, si a mí las ostras me encantan…

Siguen algunas risas al comentario de Quim, que parece más relajado que al principio de la sesión.

Dada la hora (más de las once), propongo que demos por finalizada la sesión de hoy. Algunos se animan a seguir la charla tomando una copa, lo cual me parece una buena señal, en el sentido de que el grupo empieza a ser un buen lugar en el que comentar inquietudes relacionadas con la sexualidad de cada uno. Ese ha sido hoy el caso de Quim, cuya cara al despedirse muestra claramente que ha experimentado algo útil para él: la posibilidad de hablar sin tapujos de sus deseos y de la forma de satisfacerlos.

Me planteo acompañar de nuevo al grupo de expedicionarios de la noche, pero llevo varios días sin dormir bien, así que decido retirarme. Por una vez el cansancio puede con el instinto periodístico.

ENTRE EL GATILLAZO Y LOS SIETE DE UNA SENTADA

Esta mañana, día de nuestro quinto encuentro, me ha llamado Pol. Por un momento he temido que fuera a avisarme de una nueva ausencia, como la semana pasada, pero no. Me ha pedido que nos viéramos unos minutos antes de la sesión para comentarme una cosa.

Nos hemos citado en el bar que hay unas puertas más abajo del edificio donde nos reunimos. Cuando llega, directamente le pregunto qué sucede:

- Verás –dice-, es algo que me afecta como integrante del grupo y que, la verdad, me frena un poco a la hora de intervenir y explicar cosas.

Me parece intuir por dónde va, pero no digo nada y le dejo hablar:

- El último día no vine realmente porque tenía un compromiso, pero también es verdad que no estaba muy motivado. El problema es que a veces, escuchando a los miembros del grupo durante las sesiones, me he sentido incómodo, pues he tenido la sensación de que alguno *fantasmeaba*, es decir, de que explicaba cosas exagerando o que directamente mentía. No niego que puede ser una excusa que me he puesto a mí mismo para no plantearme según qué cosas y que en realidad la sensación se deba a que, al escuchar a gente con más experiencia que yo, me haya sentido en inferioridad de condiciones. No estoy seguro. Pero lo cierto es que me ha parecido que algunos exageraban y se hacían los machos, que no eran sinceros. ¿No sé si tú has tenido también esa sensación?

Le respondo que sí, que en algún momento también he tenido esa impresión. Y le explico que he reflexionado sobre eso y sobre la posibilidad de que pueda desvirtuar la experiencia. Pero al final he llegado a una serie de consideraciones. La primera, explico a Pol, es que no puedo pretender que nadie sea totalmente sincero, pues incluso a veces, cuando creemos serlo, nos estamos mintiendo a nosotros mismos. Por otra parte, entiendo que venir a las reuniones a explicar mentiras sobre uno mismo a unos desconocidos, cuya opinión en principio no debe importarte, es algo tan absurdo que sólo se entendería en un caso de mentira patológica. Si alguien viene y decide *fantasmear* en lugar de aprovechar el tiempo para algo útil, el primero al que perjudica es a sí mismo, incluso si se lo toma como un juego o como algo irrelevante. Por otra parte, sigo razonando, pienso que cada uno saldrá retratado como es, o como ha decidido mostrarse, y que el lector o la lectora del libro sabrá distinguir aquello que le interesa y lo que no, tomando de cada uno lo que le vaya bien para su propia sexualidad.

- En resumen, Pol, soy plenamente consciente de eso que me dices y he tenido la misma percepción que tú en algún momento, pero tén en cuenta que no se trata de hacer un estudio sociológico ni un análisis profundo y científico de cómo es la sexualidad de los hombres hoy en día, sino tan sólo reflejar las experiencias y opiniones de una serie de hombres concretos que os habéis prestado a participar en un grupo de diálogo sobre el tema.

Aclarado el asunto, pagamos las consumiciones y subimos al piso de Glòria. En la escalera nos encontramos ya con Mario y Albert riendo y hablando a gritos. Entramos los cuatro en tromba y al hacerlo nos cruzamos con un grupo que sale de una sesión de meditación. Se produce un vivo contraste entre la excitación festiva de los que se proponen hablar de sexo y la relajación etérea de los que acaban de bajar de una nube llamada inaprehensión.

No obstante, se establece un diálogo entre ambos grupos y una de las meditadoras, una joven alta y delgada con sonrisa de anuncio de dentífrico, me pregunta si puede quedarse a escuchar. Muy a mi pesar, y antes de que alguien cometa la imprudencia de decirle que sí, esgrimo el irrefutable argumento del *just for men* y la acompaño a la puerta, no sin antes prometerle que la invitaré a la presentación del libro.

El último día, si no recuerdo mal, acabamos discurriendo sobre el consumo de drogas y de alcohol. No sé por qué, pero el tema del alcohol lo asocio con los *gatillazos*... O sea, al intento fallido de tener una erección para practicar el coito. O dicho de un forma menos *po-*

lite: no poder follar porque no se te levanta.

Les plateo el tema: ¿todo el mundo los ha tenido? ¿Es algo que preocupa? ¿Hay alguien inmune, capaz de levantarla a placer? ¿Y, yendo más allá, alguien capaz de correrse tantas veces como quiera?

El primero en lanzarse es Albert, que hoy ha substituído el pantalón de pinzas por unos tejanos que le quitan algunos años de encima:

- El típico *gatillazo*, o sea, irte a la cama con una tía y no poder tener una erección, no lo he tenido nunca. Pero nunca, de verdad.

- ¡¿Nunca has tenido un *gatillazo*?! –se extraña Chema-. ¿De verdad?

- Nunca, te lo juro.

- Pues yo debí tener todos los tuyos...

El comentario desenfadado pero al parecer sincero provoca la solidaridad en forma de risa de casi todo el grupo.

- No es por hacerme el machote –insiste Albert-, os lo aseguro. Simplemente es así: nunca me he ido a la cama con una tía con la intención de follar y luego no he podido. Sólo en los momentos en que he tomado alguna medicación porque estaba jodido he tenido algún problema de deseo, como ya os expliqué la semana pasada. No sé si lo sabéis, pero algunos antidepresivos cursan con mucha inhibición del deseo sexual.

Ya que ha empezado Albert, intento seguir un orden y miro a Raúl, que está a su izquierda, para que intervenga:

- Yo la verdad es que no tengo problemas sexuales, ni de erección ni de otro tipo. Hoy por hoy estoy hecho un torete. Mi problema sexual, si se le puede llamar así, es que me cuesta mucho pedir, no sólo en la cama, sino en todos los ámbitos de mi vida. Me gusta que me den espontáneamente, sin pedir, pero esa necesidad no la exteriorizo. Y eso me ocasiona déficits. Y cabreos por no ser capaz de cubrirlos. Por ejemplo, como comentaba un día, tengo déficit de caricias por parte de las mujeres, pero a ellas soy incapaz de decírselo... De todas maneras, ahora que recuerdo una vez sí tuve un problema puntual de erección. Había tomado bastantes drogas y creo que fue por eso que no se me levantó. Y la verdad es que me lo tomé muy mal. Era evidente el porqué, pero aún así fue duro. Estuvimos encamados doce horas o más y en todo ese tiempo no pude, ni siquiera cuando, hacia el final, los efectos de las drogas ya habían desaparecido. Y me fui muy jodido psicológicamente. Lo peor es que al día siguiente volví a su casa como aquel que va a resolver un asunto pendiente y volví a tener un *gatillazo*. Estaba limpio, no había tomado nada, pero no se me levantó. Estaba completamente ofuscado. Pero la cosa no quedó ahí. Al cabo de cuatro días ligué con otra chica y tampoco pude. Pensé: "Ya verás, ahora se me bajará". Y así fue. Vi entonces claramente que era algo psicológico, de manera que estuve un par de semana sin sexo y me tranquilicé. La vez siguiente, aunque aún me duraba un poco la obsesión, pude tener una erección más o menos presentable y todo fue bien. Y después ya no he vuelto a tener ese problema. No llegué a experimentar el miedo de haberme vuelto impotente de golpe, pero sí hubo un par de momentos en que lo pasé mal.

- Lo de los *gatillazos* –sigue Serge, al lado de Raúl- creo que no se da tanto en las relaciones homosexuales porque no existe la presión de tener que penetrar a tu pareja. Yo no penetro a mi pareja cada vez que follo con ella. Sin embargo, en las relaciones heterosexuales, si no penetras es como si no hubieras follado, como si no cerraras el ritual. Al menos para el hombre.

Serge pasa el testigo a Teo, que piensa un momento antes de intervenir:

- A mí lo que sí me ha pasado es que no he podido correrme. Entonces me he parado un rato y he vuelto a intentarlo más tarde. O, como os explicaba un día, he recurrido a pensar en alguna escena erótica con otra mujer.

- Sí, a mí me pasa lo mismo de vez en cuando –interviene Marc-. No tengo problemas de erección, pero sí a veces de eyaculación. Lo que me consuela es pensar que peor sería tener eyaculación precoz.

Las palabras de Teo y Marc me recuerdan una película, *Jamón, jamón*, en la que un jovencito y hortera Javier Bardem intenta consolar a una señora mayor que él con la finalidad de conseguir una motocicleta de gran cilindrada. El primer intento resulta fallido porque el chaval está ansioso por cumplir y solucionar la papeleta lo antes posible. Más tarde, cuando se relaja siguiendo las indicaciones de su experimentada *partener*, consigue una eyaculación de campeonato.

- A mí –expone Eduard- hace tiempo me pasaba lo de tener una eyaculación demasido rápida. Y la verdad es que es una putada.

- Después de mis primeras novias –vuelve Raúl-, estuve dos años y medio sin follar, y la primera vez que me fui a la cama con una mujer después de ese tiempo me corrí en seguida. Pero en seguida es a los trenta segundos... Y luego ya no pude levantarla. Lo peor de todo es que me hizo una herida y a la mañana siguiente, cuando volvimos a intentarlo, no pude. No os quiero ni explicar cómo me fui de su casa...

- Con el rabo entre las piernas –apostilla Marc, y su comentario provoca risas generalizadas, incluso del propio Raúl. Pol tan sólo sonríe. Le toca a él, así que lo animo a intervenir:

- Yo, como comenté el primer día, tengo un problema de erección. O, mejor dicho, de mantenerla, ya que sí tengo erección, pero dura menos de cinco minutos. Está claro que parte de la culpa es de la enfermedad que padezco, pero el médico también me ha dicho que puede haber un componente psicológico. Estoy seguro de que, al menos en parte, ese es mi caso, pues a veces estoy practicando sexo y tengo una erección, pero en el momento en que se me pasa por la cabeza la idea o el temor de que desaparezca, se me baja. Algo parecido a lo que explicaba Raúl que le sucedió un par de veces. El médico me dio pastillas, no exactamente Viagra, sino otra similar, Levitra. Las probé y, efectivamente, funcionan y la experiencia es agradable. Pero no siempre, depende del día. Lo cual me confirma que alguna cosa, fisiológica o psicológica, está pasando.

- El último día –apunta Marc, que sin duda recuerda que Pol no vino-, hablamos de la Viagra. Yo nunca la he probado, pues me da miedo el hecho de tener erecciones sin deseo. Aunque por lo que explicaron aquí los compañeros no es que se levante sin deseo, sino que sin deseo no se levanta, ni siquiera con Viagra.

- Es así –confirma Pol-, tiene que haber deseo o algún estímulo que lo provoque. Una de las veces que mejor me ha funcionado, me tomé la pastilla a mediodía y el efecto me duró hasta la noche. Y no es que todo el rato estuviera en erección, sino que tenía la sensación de que en cualquier momento podía estar a punto a poco que hubiera un contacto físico. Tienes esa sensación de potencia que yo al menos ya había olvidado.

- De todas maneras –dice Marc-, me parece que debe de ser una putada pensar que tienes que tomar un medicamento para poder echar un polvo.

- Sí, claro. Ahora no lo tomo por varios motivos. Uno es que me provoca dolor de estómago. Y otro es que, según mi pareja, me pongo rojo como un pimiento, como si estuviera hirviendo. Dice que le da miedo.

- Sí, a mí me dan algo de miedo los efectos secundarios.

Pido a Marc que no insista en el tema, pues el último día ya lo abordamos, y doy la palabra a Mario, al que veo extrañamente cabizbajo:

- En el punto en que estoy yo ahora, no tengo problemas de erección, pero sí para correrme. Creo que Teo lo ha comentado antes. Puedo echar un polvo por la mañana y uno a mediodía, pero luego por la noche me cuesta horrores correrme. Es como subir una montaña.

- ¡¿Y estás preocupado por eso, Mario?! –se sorprende Marc-. Yo, si echo un polvo por la mañana, a mediodía soy incapaz de correrme otra vez…

- Hombre, preocupado no, pero…

- A mi me parece increíble –exclama Raúl-. Yo esta mañana he echado un polvo y me ha dejado energéticamente agotado. Todavía no me he recuperado del todo.

- Bueno, a lo mejor si vemos los polvos que echas tú y los que echo yo resulta que no tienen nada que ver –pondera Mario.

- Te aseguro que no hace falta que vayas al médico, Mario –opina Eduard.

- Por cierto –entra Chema-, ¿a qué médico sueles ir...?

El comentario hace acudir de nuevo las risas, que no llegan a carcajada.

- Ahora que hablamos de echar varios polvos en un día –hila Eduard-, reconozco que yo tardé mucho en descubrir que se podía follar varias veces seguidas, o sea, que después de correrme no necesariamente se había acabado. Y como por entonces me corría bastante precozmente, la relación duraba muy poco. Ahora me parece increíble cuando lo pienso, pero fue así. Y no lo descubrí con mi primera mujer, sino después, en una relación con una mujer que me inició en una forma nueva para mí de ver y experimentar el sexo.

- Cuando era más joven –explica Chema-, yo había echado tres en un día. Y hace poco, accidentalmente y estando drogado, creo que también lo hice...

- Es que para mí –vuelve Mario- lo habitual hasta hace poco, si no sucedía nada extraño, era ir a cenar, luego tres por la noche y dos más la mañana siguiente.

- ¡Yo quiero ser pintor! –exclama de pronto Quim.

- ¡Yo quiero ser él, directamente! –se suma Marc.

Se produce un conato de jolgorio que logro controlar a tiempo. Miro discretamente en dirección a Pol y recuerdo fugazmente la conversación que hemos tenido hace un rato, en el bar de abajo. Pero no veo que agite ni un músculo más de la cuenta. Quizás piensa que Mario exagera, pero también estoy convencido de que se cuidará mucho de decirlo. Me alegra de que sea así. Ante todo, respeto.

Albert hace rato que no interviene, así que lo invito a expresarse:

- Mi experiencia en esto es variable. Me he econtrado con mujeres que me han excitado mucho y que además sabían más que yo, lo cual siempre es de agradecer, y con ellas sí he echado tres polvos en una noche, entendiendo tres polvos por correrme tres veces. Puedo echar uno, parar y hablar de lo que sea; y al cabo de un par de horas echar otro, volver a parar y beber algo; y más tarde incluso otro. También lo he aprendido, como Eduard, un poco tarde, pero lo cierto es que ahora me siento bien con mi cuerpo, lo conozco y lo controlo mucho mejor que cuando era jovencito. Y lo disfruto.

- Un par de veces –evoca Eduard-, como cosa excepcional, sí recuerdo haber follado cinco o seis veces durante espacios de tiempo largos, es decir, estando durante diez horas con una mujer. Eso sí, eran casos en los que había mucho deseo, con parejas que me gustaban mucho y que me removían por completo, y con las que sentía que había mucho por descubrir y por hacer.

- Yo tengo una noche mítica –se une Mario-. De hecho fue una madrugada, pues nos pusimos a las cinco o así. Creo que era una noche de verbena. Iba con un amigo y ya nos retirábamos cuando nos encontramos con una amiga suya que nos invitó a tomar algo en su casa. Estando allí, mi amigo me dijo que me fuera, que quería tirársela. Y yo, por esas cosas de la solidaridad masculina, me levanté y me despedí. Pero ella no me dejó irme con no sé qué excusa. Y en un momento en que mi amigo fue al lavabo, me dijo: "Es que quiero que te quedes tú".

Veo algunas miradas expectantes.

- Y cuando mi amigo regresó del baño, se lo dije: "Mira, yo te aprecio mucho, ya lo sabes, pero ella quiere que me quede yo...". A él se le puso cara de no acabar de creérselo, pero lo aceptó y se fue. Así que ya clareaba cuando nos pusimos manos a la obra aquella mujer y yo. Y estuvimos casi sin descansar toda la mañana. Y echamos siete. Os lo juro. Recuerdo que me cogió una especie de vértigo... Debió de ser una experiencia mística. El último lo echamos en la ducha, cuando yo ya me iba, pues había quedado para comer con una tía. Me refiero a una tía carnal, a una pariente. Recuerdo que me senté delante del plato y estaba alelado, con el tenedor suspendido sin decidirme a utilizarlo. Y mi tía me preguntó: "¿Qué te pasa? ¿No te gusta el arroz?". Y es que no tenía fuerzas ni para comer...

- ¿Y tú crees que hay alguna explicación científica a lo que te pasó? –ironiza Chema, a lo que de nuevo siguen las risas.

Por un momento sospecho que la imaginación, que es un órgano muy desarrollado en el caso de Mario por obvias necesidades profesionales, puede haberle jugado una mala pasada. O tal vez el día de autos, a causa del cansancio, le falló la aritmética. Qué se yo. La cuestión es que siete son muchos. Hasta demasiados... Pero bueno, me insisto en que no estoy aquí para cuestionar la veracidad de lo que explica cada uno, ni mucho menos para juzgar, así que ahí queda el testimonio, aderezado o no.

- Yo no recuerdo cuántos polvos echaba en una noche –toma la palabra Teo, sentado al lado de Mario-, lo que sí recuerdo es que de jovencito podía pasarme fines de semana enteros con mi novia sin salir prácticamente de la cama. Más recientemente, al principio de salir con mi pareja actual, también tuve un fin de semana histórico en una casa rural. Sólo salimos de la habitación para cenar un bocadillo el sábado por la noche. Eso fue al principio, claro, ahora la cosa se ha vuelto bastante más tranquila.

- Ahora que lo dices –rememora Albert- yo también recuerdo un fin de semana en un balneario que fue fantástico… De todas maneras, más que echar muchos polvos seguidos, yo cada vez aprecio más EL polvo. O sea, uno y bueno.

Me viene a la cabeza una frase de Woody Allen que he leído en algún sitio: "Sólo se vive una vez, pero con una vez es más que suficiente si se hace bien". Genial.

Aprovechando un momento en que varios integrantes del grupo van a la cocina a buscar cervezas y el resto habla en desorden, reflexiono brevemente. Por lo que estoy viendo, la mayoría de mortales con cromosoma XY viven en la gran Tierra Intermedia que se extiende entre el frustrante *gatillazo* y la erección *on demand*. O lo que es casi lo mismo: entre no poder follar, en un extremo, y follar hasta morir de extenuación, en el otro.

Por cierto, hace poco leí algo que ahora, por una

curiosa asociación, me ha venido a la cabeza. Resulta que en primavera las sepias realizan el ritual del apareamiento y follan hasta quedar tan extenuadas que mueren, macho y hembra, al cabo de unos pocos días. Por suerte para la especie (y para los que nos gusta la sepia a la plancha), la hembra deposita unos 500 huevos antes de morir, de los que salen después pequeñas sepiecitas.

¡Viva la Madre Naturaleza!

LAS PRIMERAS VECES

Visto que hemos vuelto a entrar en el impreciso mundo de la contabilidad (valga la paradoja), propongo un nuevo tema al grupo. Esta vez se trata de retrotraer la memoria al año cero, es decir, a las primeras experiencias sexuales de cada uno. Caigo en la cuenta de que Tino apenas ha dicho nada, así que le pido a él que empiece la ronda:

- Mi primera vez fue con 17 años y lo hice con una prostituta. No fue tanto por la aventura como por el hecho de que pensaba que ya tocaba y que sería mejor hacerlo con una mujer experimentada. La verdad es que tengo buen recuerdo, en aquel momento me sentí muy feliz de haberlo hecho. Para mí fue como llegar a la cima del Everest y decir: "Lo he hecho". Recuerdo que era una mujer rubia y un poco entrada en carnes, del tipo que me gustan a mí, y que debía tener trenta y tantos. Le costó lo suyo, pero consiguió que me corriera.

A su lado está Serge, que coge el testigo.

- Si aceptamos como primeras relaciones los juegos infantiles de tocarnos entre los amigos, incluso de hacernos pajas y alguna que otra mamada, yo diría que he tenido relaciones casi desde que tengo uso de razón.

Concretando un poco, diría que desde los nueve o diez años. La primera relación un poco más seria fue con catorce años y no fue muy agradable. Estaba en una discoteca y un tío me invitó a tomar algo en su casa. Yo ya sabía a lo que iba, claro, pero una vez allí me intentó forzar y yo salí corriendo.

Pienso fugazmente que el dicho de que cada uno es cada cual tiene pleno sentido. En esto de la primera vez no parece haber muchos lugares comunes. Mario, como si me hubiera leído el pensamiento, explica:

- Una vez, hace tiempo, estuve en un festorro artístico de esos con marchantes, galeristas, críticos y pintores más o menos consagrados, y en un determinado momento, cuando ya íbamos bastante borrachos, alguien sacó el tema del primer polvo. La mayoría éramos hombres y algunos de una cierta edad, y de sus respuestas saqué una especie de conclusión sociológica muy curiosa: que de los nacidos antes de los años cincuenta, prácticamente todos habían echado el primer polvo con una prostituta. Los nacidos de los años cincuenta en adelante ofrecían experiencias más variadas, pero los hombres mayores tenían eso en común. No sé si es algo extrapolable a toda Europa, pero al menos en el caso de España es así.

- Aunque he nacido en los sesenta –contrapone Chema-, mi primer polvo también fue con una prostituta. Yo tenía 13 años y estaba de viaje en Perú, con mi hermano y un grupo de compañeros que jugábamos a tenis de mesa. Habíamos ido allí a participar en una competición internacional. Estando en Lima se nos ocurrió que teníamos que ir de putas, no me preguntéis por qué, y nos fuimos al peor barrio de la ciudad, al puerto del Callao. No sé cómo nos atrevimos, fue una irresponsabilidad de la polla... Supongo que de adolescente no tienes la misma percepción del peligro que de adulto. Y también estaban las ganas de meterla, claro. Lo hicimos los cinco amigos con la misma prostituta, por turnos, incluido mi hermano, que es un año mayor que yo y para el que también era la primera vez. Lo recuerdo como algo emocionante, no tanto por el polvo como por la sensación de aventura. El polvo ni lo recuerdo.

- En mi caso no fue tan emocionante –contrapone Marc-, aunque casi me pillan con las manos en la masa. Fue en un apartamento de veraneo de un amigo, en la costa. Estábamos allí hablando y fumando un grupo, entre ellos una chica con la que yo me había enrollado hacía poco. Ella era un año mayor que yo, debía tener dieciocho, si no recuerdo mal. Y tenía claro lo que quería. Así que en medio de la reunión me dijo que nos metiéramos en una habitación. No recuerdo si le pedí permiso o no a mi amigo, pero el caso es que nos fuimos a su habitación y cerramos la puerta. Fue una cosa bastante rápida y yo cometí la imprudencia de correrme dentro sin preguntarle a ella nada, ni si tomaba pastillas ni nada. Una inconsciencia total. Luego me pasé dos meses nervioso pensando que podía haberla dejado embarazada. Y temiendo que si lo había hecho se me jodiera la vida, entre otras cosas porque yo no estaba enamorado de ella, sólo habíamos salido un par de veces a tomar algo. No fue nada romántico, aunque sí que lo recuerdo como un momento especial. Y emocionante, porque justo cuando acababa de correrme llamaron a la puerta y resultó que eran los padres de mi amigo. Por suerte, mientras subían en el ascensor tuvimos tiempo, la chica y yo, de vestirnos y poner cara de buenos chicos.

Junto a Marc está hoy Eduard, que toma la palabra:

- Yo la verdad es que no recuerdo exactamente mi primer polvo, al menos según los cánones de lo que entendemos por un polvo. Sí que recuerdo experiencias iniciáticas, como masturbaciones y tocamientos, pero no el lugar y el día en que lo hice por primera vez.

- ¿No te acuerdas de la primera vez que la metiste…? –se extraña Chema.

- No… No, de verdad. No sé si fue con mi primera mujer o con alguna de las dos novias que tuve antes que ella, que por cierto se quejaban de que las tocaba poco. Con una de ellas tuve una relación tiempo después de que me dejara y es curioso porque me dijo: "Si esto lo hubieras hecho antes, no te habría dejado". Recuerdo visiones fragmentarias, como la imagen de un coño abierto o la sensación de meter la mano por debajo de una falda y tocar un culo. Cosas así…cosas con un especial sentido. Pero no el primer polvo.

- Yo recuerdo –explica Pol- que con 19 o 20 años tuve una relación iniciática con una mujer mayor que yo. Ella tenía sólo 25, pero la distancia entre ambos en aquel momento me parecía muy grande. Visto desde mi inexperiencia e inseguridad de aquel momento, yo lo que tenía era mucho miedo. Empecé a hacerme preguntas tipo: "Y esta tía, ¿por qué tiene tantas ganas? ¿No será que quiere tener un hijo conmigo?". En fin, preocupaciones de este tipo.

Asombrosamente, estamos siguiendo el orden de intervenciones. Ahora le toca el turno a Teo:

- Yo empecé a tener relaciones sexuales bastante tarde, debía tener 18 o 19 años. Ella tenía uno o dos años menos que yo y fue mi primera novia. El primer día creo que ya os hablé de ella y de que era para mí un amor platónico. Lo que pasa es que llegó un momento en el que, después de tantos tocamientos, tanta calentura y tanto dolor de huevos, un día nos propusimos hacerlo. Para ella también era la primera vez. Y lo que recuerdo muy claramente, para que os hagáis una idea de lo despistado que iba yo, es que me preguntaba dónde estaría el agujero, es decir, cómo encontraría el sitio por donde meterla. Fue un poco de chiste, pero fue así.

- Es que antes teníamos muy poca información –se queja Marc-. Probablemente es un problema con el que Raúl no se ha encontrado…

Lo mira y Raúl le da la razón haciendo un gesto con las manos como de teclear.

- No teníamos acceso a Internet –insiste Marc-, como ahora, pero tampoco a libros ni a ningún tipo de material didáctico.

- En mi casa –cuenta Mario- había muchos libros, pero estaban controlados. Había libros que estaba prohibido leer y que yo, claro, leía a escondidas. Hoy en día eso es algo absolutamente inimaginable, sobre todo porque nadie lee. Ahora hablo como padre de tres adolescentes. Y os aseguro que para un padre ver a un hijo suyo leyendo es algo milagroso. Te alcanza una especie de éxtasis moral y mental extraordinario. Lea lo que lea, aunque esté leyendo *Las 120 jornadas de Sodoma* del Marqués de Sade.

- ¡Hostia, Mario, no te lo vas a creer...! –exclama sorprendido Albert-. ¿Sabes qué leía esta tarde volviendo en avión de un viaje de trabajo? Pues sí, *Las 120 jornadas de Sodoma*. Te lo juro.

Albert y Mario, excitados por la coincidencia, empiezan a glosar las excelencias del texto del muy lúbrico Marqués de Sade. Mientras los escucho, recuerdo haber tenido el libro en las manos no hace mucho y haberlo ojeado, deteniéndome en un apartado que me llamó la atención que se titulaba, creo, *Reglamentos*, y en el que el autor describía con detalle las normas que debían regir las relaciones entre los *jodedores* (así los llama) y una serie de muchachitas y muchachitos virginales. Al cabo de unos minutos Mario me mira y cae en la cuenta de que nos hemos desviado del tema que nos ocupaba: las primeras veces.

- Vale, vale –rectifica-, dejémonos de disquisiciones literarias. Yo no estoy seguro de que lo que recuerdo como mi primer polvo fuera en realidad mi primer polvo. Lo tengo como fragmentado en la memoria, como si hiciera un *collage* de varios polvos para montar el recuerdo del primero. Lo que es seguro es que fue con una criada que tenía mi madre. Ninguno de los dos teníamos ni idea, pero nos gustábamos mucho. Yo tenía 15 años y ella era un poco mayor, no mucho. Fue algo parecido a lo que ha explicado Teo en el sentido de que no sabíamos cómo hacerlo, de que no teníamos ni idea. Recuerdo que yo tenía miedo no sólo de dejarla embarazada, sino incluso de hacerme daño, de pincharme o romperme algo. Después de hacerlo la primera vez, ella decidió que si mi madre se enteraba la echaría, así que se inventó una estrategia, una especie de historia en la que los dos teníamos que ser cómplices. Consistía en que yo tenía que disimular que ella me gustaba hasta el punto de aparentar justo lo contrario. Por ejemplo, ella servía la cena y yo, delante de mi madre, exclamaba: "¡Este plato está sucio!". Y ella, con cara de enfado, iba y lo cambiaba. Recuerdo que la trataba tan mal que incluso mi madre me dijo una vez: "Pero Mario, ¿tú estás loco o qué? ¡No ves que si sigues así se va a ir! Como no seas más amable con ella te va a caer un guantazo…". Y cuando mi madre desaparecía de la escena nos echábamos a reír como locos…

- ¡Qué historia más guapa! –exclama Raúl.

- ¿Y no la has pintado alguna vez? –pregunta Albert-. Me refiero a la criada.

- Pues no, ya ves…

- La historia da para una novela –opina Quim, gran aficionado a la lectura- o incluso para una película…

Mario se queda pensativo un instante y todos respetamos su silencio. Parece haber conectado con algún episodio recóndito de su historia personal del que andaba disociado, tal vez incluso con las emociones relacionadas con aquél episodio. Hasta los intelectos más brillantes (o quizás estos más que los otros) tienen recovecos sentimentales por explorar.

- Esa fue la primera relación –recupera el habla Mario-, pero probablemente es más bonita en el recuerdo de lo que en realidad fue. Había muchos miedos y muchos tabúes sin superar. Yo era un chaval bastante tímido, bastante cargado de manías, entre ellas algunas relacionadas con mi propio cuerpo. Y la mujer que acabó con eso, más tarde, fue una señora mayor que yo de la que ya os hablé el primer día, una mujer desinhibida, folladora, muy clara hablando, sin complejos. Para mí fue como un vendaval limpiador de rollos raros y de rincones oscuros. Pero por otro lado era una mujer compleja y desequilibrada, con unos cambios de humor radicales. Era pastillera, tomaba anfetaminas y psicotrópicos. Y acabamos mal, pero la recuerdo con mucho afecto, entre otras cosas porque fue muy beneficiosa en mi vida.

Le toca a Raúl:

- Yo, a diferencia de Mario y de Eduard, sí recuerdo claramente la primera vez. Tenía 17 años. Fue bastante fuerte porque en aquel momento tenía pareja, mi primer amor, una chica con la que no podía hacerlo porque se resistía a que la penetrara, tenía miedo. Llevaba saliendo con ella unos ocho o nueve meses y practicábamos el sexo oral, aunque en un nivel avanzadito, no os vayáis a pensar. Un día, estando de exámenes, su mejor amiga me pidió que le llevara unos apuntes a su casa. Y me recibió en albornoz…

Aparecen sonrisas socarronas que ya anticipan el final de la historia.

- Teníamos mucha confianza, así que no se cortó un pelo. Me invitó a pasar y me puso un vídeo de una especie de medio orgía en la que ella había participado unos días antes…

- Y tú pensaste: "Para mí que esta chica quiere algo" –

bromea Chema, a lo que siguen risas grupales.

- Sí, claro. Me excité muchísimo y como ella estaba totalmente por la labor nos pusimos a follar sin pensarlo dos veces. Lo recuerdo como uno de los mejores polvos de mi vida. Lo malo fue que ella tuvo más tarde la necesidad de explicarlo y que el asunto llegó a oídos de mi novia, con lo cual la relación con ella acabó fatal. Fue muy doloroso. Para mí y para ella, claro. No sólo por el hecho de la traición, que ya era fuerte, sino por una cuestión psicológica, en el sentido de que con ella no habíamos practicado la penetración y fui a hacerlo por primera vez precisamente con su mejor amiga. A mí me perdonó relativamente pronto, al cabo de un año o así, pero a la amiga…

- De lo que dices –se interesa Tino- deduzco que la volviste a ver…

- Sí, sí. En realidad nos vimos hace poco y pasó una cosa curiosa. No sé si os lo creeréis. Ella, por supuesto, ya había vencido sus miedos a la penetración y ya tenía experiencia. Y hablando hablando me propuso follar. Me dijo que teníamos un polvo pendiente. Y yo no quise…

- Bien hecho –opina Marc-, yo no creo en eso de los polvos pendientes. Cuando toca, toca. Y si no toca, es que no tocaba.

Vaya, menudo trabalenguas. No sé si se ha entendido, pero la mayoría dan su conformidad a la afirmación de Marc. Menos Chema.

- Yo no sería tan radical en eso –relativiza-. Nunca se sabe. Hay que seguir la intuición. De todas maneras, si me pemitís un apunte…

Chema me mira. Parece que la cara de moderador que he estado ensayando esta última semana ante el espejo resulta convincente. Le doy la venia.

- Antes he explicado mi primer polvo, que fue a los 13, pero la primera vez que lo hice con una novia yo debía de tener 16 o así. Fue durante una borrachera y duró como un día entero…

- ¿El polvo o la borrachera? –inquiere Marc.

- Las dos cosas… Fue bastante complicado porque ella se había escapado de casa y luego la habían enviado interna a un colegio. Y en una de sus salidas aprovechamos. Tuvo algunos problemas porque esa noche, la del primer polvo, no fue a dormir al colegio. Fue mi primera novia y la recuerdo también con cariño. Estaba muy enamorado de ella.

No parece que Chema quiera añadir nada más, así que miro en dirección a Albert, hoy particularmente disciplinado:

- Mis primeras veces fueron muy tiernas, muy bonitas, y las recuerdo perfectísimamente. Fue con 17 años. Estaba enamoradísimo de una chica y la invité a una casa de la familia de mi padre en un pueblecito encantador de la Costa Brava. Era una casa antigua y grande, de tres plantas, con su despensa y su buhardilla, donde ponían a secar las patatas. También recuerdo los melones en la escalera, donde los ponían a madurar, primero arriba y de allí los iban bajando a razón de un escalón cada día. A aquella casa iban mucho mi tío y mi hermano, con lo cual tenía la excusa perfecta. Recuerdo que la primera vez que invité a mi novia a ir allí, ellos se fueron a pescar y pude estar toda la tarde en la cama con ella. Fue fantástico. Y luego repetí la experiencia durante meses. Recuerdo que un día, cuando ya había cumplido los 18 y tenía coche, fuimos allí mi novia y yo y, con las prisas de meternos en la cama, dejé el coche aparcado de cualquier manera. Al cabo de un cuarto de hora, cuando estábamos ya en el asunto, empezó a sonar el timbre, luego el teléfono y al final golpes en la puerta... Y es que había dejado el coche bloqueando la calle y no podían pasar.

Indico a Quim, sentado a la izquierda de Albert, que le toca intervenir.

- Mi primer polvo, si descartamos todo lo que son tocamientos y fregamientos varios, fue con mi mujer y cuando ya estábamos casados. Soy consciente de que es una historia muy diferente a la que explicáis todos vosotros, pero fue así y se supone que estamos aquí para explicar nuestra experiencia con la máxima sinceridad posible... No fue la noche de la boda, como reza el tópico, porque nos faltaba práctica. Como soy así de *tecnicoide*, recuerdo que tenía sobre la cama aquella primera noche una publicación que se titulaba algo así como *Vida sexual sana*, para saber qué hacer y que no. O sea, estábamos ella, los folletos y yo. Pero ni con esas. Luego, durante las siguientes noches, la cosa fue mejorando y ya sí que follamos, quiero decir con penetración y demás, en el sentido clásico de la expresión. La verdad es que miro hacia atrás y me muero de la vergüenza. Pienso: "¡Qué lamentable!".

- Es que durante muchos años –razona Eduard, más o menos coetáneo de Quim- nos condicionaron a tope con ideas falsas sobre el sexo y, sobre todo, con aquello tan horroroso del sentimiento de culpa.

- Sí, eso es cierto –admite Quim-, aunque en mi caso no había condicionantes religiosos. Subyacentemente sí que estaba presente el sentimiento de culpa, seguro, pero no de forma evidente.

No parece que Quim quiera añadir nada más, así que miro el guión del día y me quedo muy sorprendido. Aunque parezca increíble, todos los temas que tenía previsto abordar están saliendo durante la conversación, no siempre en el orden que me había propuesto, pero sí enlazados de forma natural. Es el caso de ahora mismo: el siguiente punto del orden del día es justamente el que acaban de introducir Eduard y Quim: la educación sexual.

LA EDUCACIÓN SEXUAL

Les pregunto a todos por su experiencia en este sentido, satisfactoria o no, positiva o traumática, suficiente o inexistente. Y les pido también, a aquellos que puedan hablar en propiedad por su condición de padres, que digan qué opinan de la educación sexual que reciben los adolescentes y jóvenes hoy en día.

El primero en intervenir, como en la ronda anterior, es Tino:

- Yo me crié en un ambiente familiar y social de mucha censura, de mucho oscurantismo en torno al sexo. Por suerte mi hija vive en un clima diferente. Yo intento darle el máximo de facilidades para que vea el sexo como algo positivo, placentero y enriquecedor. Y que pueda disfrutarlo sin tabúes, sin complejos. Mi ex mujer es mucho más conservadora que yo y la viste como una monja, muy recatada. Y, claro, muy diferente a como visten la mayoría de sus amigas. Mi mujer actual y yo intentamos darle otra visión, un poco más abierta, sin llegar a ningún extremo, pero más acorde con lo que se lleva. Es lógico que a su edad ya sean un poco coquetas y se quieran sentir atractivas.

Al lado de Tino, Serge hace un gesto torero con el

brazo y de un capotazo pasa la palabra al siguiente, Chema.

- Nuestra educación sexual seguro que no fue la mejor de las posibles, pero la educación sexual de los jóvenes de hoy en día creo que también está muy lejos de ser óptima. De entrada, está totalmente marcada por la pornografía y por la facilidad que les da internet de acceder a ella. Un chico o una chica con doce años ya ha visto casi todo lo que se puede ver a través de internet.

- Pero no se puede negar –apunta Marc, rompiendo la disciplina del turno- que tienen mucho más acceso a la información del que tuvimos la mayoría de los que estamos aquí, a excepción quizás de Raúl.

- Yo creo –dice Albert, que cruza una pierna tejana sobre la otra- que no se puede decir que haya más educación cuando en los últimos años han aumentado el uso de la pastilla del día después y las enfermedades de transmisión sexual. Creo que follar más no equivale a tener una mejor educación sexual. Yo, por cuestiones laborales, conozco muy bien el entorno en que se mueven los alumnos de secundaria de muchos barrios y pueblos. Y os aseguro que os quedaríais sorprendidos del grado de animalismo que impera en las relaciones sexuales entre adolescentes.

- ¿Por falta de formación o por exceso de información? –se interesa Mario, que tiene bajo su responsabilidad a tres hijos adolescentes.

- Pues no te sé contestar, Mario. Es difícil.

- Yo lo que sé –tercia Chema-, es que hemos pasado de la represión, de aquella situación que comentábamos un día de que sólo las putas la chupaban, a que todas las adolescentes la chupen. En Sudamérica hay un grupo musical de chicas que se llaman Las Peteras, que quiere decir "las chupapollas". Y, por amigos que viven allí y tienen niñas de 11 o 12 años, sé que ya están la mayoría con el rollo de si chupan o no chupan.

- ¿Y eso lo ves como un avance? –pregunta Albert.

- Bueno, si lo hacen porque quieren sí, pero si no…

- A mi me parece –aporta Raúl, cuya condición de benjamín del grupo le otorga un papel interesante en este punto del debate- que el hecho de que puedan experimentar con libertad es bueno. Yo lo veo muy sano.

- Yo creo que la liberación sexual de las mujeres –apunta por su parte Manu-, y por extensión de las adolescentes, es una cosa positiva. Ahora bien, no sólo para que puedan chupar pollas, como dice Chema, sino para que sepan por qué lo hacen, para que estén seguras de que quieren hacerlo, etc.

- Pero las que chupan pollas lo hacen porque quieren –insiste Raúl-. No sé dónde véis el problema.

- El problema –replica Manu- puede estar en que lo hagan por una especie de presión social que las lleva a tener un comportamiento imitativo. Y ese comportamiento es sólo hasta cierto punto voluntario, pues de alguna manera se pueden sentir obligadas para no ser excluidas. Es decir, que a lo mejor sólo las satisface en la medida en que las hace sentirse parte del grupo.

- La libertad debe ir acompañada de responsabilidad –proclama Marc en tono militante-, pero no estoy muy seguro de que ambas cosas vayan juntas en el caso de la sexualidad de los adolescentes. Mi hija es todavía pequeña, sólo tiene tres años, así que no puedo hablar por experiencia propia, pero así, en abstracto, estoy convencido de que no basta con una buena información. Hace falta inculcar valores como la autoestima o el respeto.

- A ver –dice Albert, juntando las palmas de las manos y mirando de lado a Raúl, a quien se dirige-. Yo estoy totalmente de acuerdo con la liberación sexual incluso de los macacos Rhesus. Defiendo que todo el mundo folle con alegría, salud y diversión, y cuanto más mejor. Pero cuando te encuentras con casos de crías de 16 años que alardean de haber hecho cientos de mamadas y ves claramente que su comportamiento es mimético, que no tiene finalidad, que es simplemente reproducir un patrón para estar dentro de un grupo... Estonces piensas que esa liberación sexual tiene una cara perversa que es la deformación del sexo.

- Yo lo encuentro muy normal –reitera Raúl-. Tener muchas relaciones con 16 años es ahora algo habitual. Y a lo mejor sí es mimético, pero no todo lo mimético es malo. Es una manera también de ir aprendiendo.

- Yo a los 16 –relata Chema- recuerdo que era el único que no había follado con la novia. Y me sentía un gilipollas. Y luego, a los 16 y tres meses, cuando empecé a follar con la novia, empecé a sentirme mejor, me sentía parte del grupo. Creo que la mayoría hemos pasado por eso.

Intento volver a un cierto orden de intervenciones y doy la palabra a Quim:

- Con respecto a eso que decís, la mayoría de los que estamos aquí creo que nos hemos iniciado en la sexualidad con lo que nos explicaban nuestros amigos mayores del colegio o del grupo. Y eran informaciones llenas de tabús, de medias verdades o de medias mentiras. Y en los pueblos, todavía peor, os lo digo por experiencia. O sea, en conjunto un desastre. Por tanto, de entrada me parece positivo que los niños y los adolescentes de ahora tengan más información a su alcance, e incluso que les den clases de sexualidad en el colegio. Ahora bien, la información que les llega no debe ser muy buena, porque tengo la impresión de que se repiten los mismos esquemas y los mismos tópicos que hace años. O sea que en el fondo no están usando bien esa libertad.

- Bueno, tú puedes elegir tus fuentes o tus canales de relación –resiste Raúl-. Es parte de la libertad que tienes. Y si una fuente no te convence, buscas otra. Yo, por ejemplo, hace tiempo probé el tema del sexo por internet. Puse mi foto en una de esas plataformas de contactos y una chica me envió un mensaje provocativo. Ella al principio iba muy lanzada y yo le seguí el rollo, pero luego se echo atrás y me propuso quedar simplemente para conocernos. Y yo, como soy muy burro para estas cosas, le dije que si quedábamos era para follar. Me contestó que me había equivocado de persona y ahí quedó el asunto. No he vuelto a intentarlo, entre otras cosas porque entiendo que ese no es mi canal para relacionarme. Internet puede ser útil para los tímidos o para los que, por la razón que sea, no tienen otra forma de relacionarse que les funcione. Sé que hay gente muy enganchada a eso, pero no en mi entorno.

- Yo, al contrario de lo que dice Quim –analiza Marc-, sí creo que se ha producido un cambio en los últimos años, o incluso décadas, en el sentido de que ahora los niños pueden preguntar con más libertad y los padres, al menos la mayoría, se sienten responsables de explicarles bien las cosas y de darles la información que necesitan para actuar luego según sus deseos. Yo tengo un sobrino que tiene 8 años y el otro día, paseando por el centro de la ciudad con él, vimos a dos hombres dándose un beso. Se los miró un momento mientras me explicaba nosequé de un videojuego que le gusta y siguió hablando como si nada. Y no es porque él no sepa lo que es la homosexualidad, que lo sabe, sino porque no lo vé como algo extraño ni mucho menos pecaminoso. Y eso me parece que es una buena señal. Es un buen avance en cuanto a permisividad y en cuanto a educación.

- Sí, claro –acepta Quim-, no digo que no haya avances, pero demasiado a menudo se siguen repitiendo patrones del pasado.

- Yo lo que creo –sigue Marc- es que siempre hay un proceso de aprendizaje y que en ese proceso se pueden inmiscuir tabúes, prejuicios, falsas obligaciones, ritos iniciáticos, etc., o por el contrario pueden ser abiertos, transparentes y naturales. Que sea de una forma o de otra depende en el fondo de los que educamos, principalmente los padres y los profesores. A lo mejor es una visión un poco idealista del tema y resulta que la realidad es otra, pero de momento pienso así.

- Lo que pasa –tercia Albert- es que también interviene internet en la educación. Internet pone al alcance de los adolescentes una cantidad brutal de información. Pero la cantidad no garantiza la calidad. Hay que saber canalizar la información para que no dé lugar a una visión malformada de lo que es la sexualidad.

- Pues yo coincido con lo que dice Marc –indica Manu-. Los chicos de hoy tienen acceso a mucha información, pero también tienen acceso a preguntarte. Tú intentas, con más o menos acierto, filtrar esa información o darle un sentido, y eso formará parte de su educación.

- En un mundo ideal sí, Manu –insiste Albert en su punto de vista-. Seguramente tú y Quim sois unos padres perfectamente abiertos y concienciados de vuestro papel. Pero vosotros formáis parte de una determinada élite cultural. La realidad mayoritaria no es esa. Lo normal si a un padre le llega su hijo y le pregunta "papá, ¿qué es follar?" es decirle: "Pregúntaselo a tu madre". Y volviendo a lo de antes, a mí me preocupa que una niña de 15 años te explique como si nada, con absoluta tranquilidad, la cantidad de tíos que se ha cepillado en los lavabos del instituto. No me escandaliza porque no soy moralista. Soy de los que opinan que todo el mundo debe hacer lo que le apetezca siempre y cuando no haga daño a nadie. Pero sí me preocupa.

- A mí lo que me parece preocupante –interviene Pol, que como Quim y Manu es padre de familia, aunque su hijo es menor- no es tanto que lo hagan como que sientan la necesidad de explicarlo. Y lo comparo con la necesidad que teníamos los tíos hace años de decir con cuántas tías habíamos follado. Bueno, y que algunos todavía tienen…. Supongo que era para alardear de machos en un terreno en el que no nos sentíamos muy seguros o teníamos una escasa autoestima. Si una chica de 15 años tiene muchas relaciones sexuales pero no se dedica a ir contándolo por ahí, es decir, lo asume y lo acepta como una vivencia personal, como algo que ha hecho porque le ha apetecido o la ha enriquecido, no me parece negativo. Demuestra que es madura.

- Pero es que con 15 años –afirma Marc- la mayoría de cosas que haces es para explicarlas. A mí lo que me preocupa no es tanto que lo expliquen como la razón por la que lo hacen. Es decir: ¿lo hacen para experimentar placer o sólo como imitación del supuesto comportamiento de los mayores, es decir, para hacerse los mayores?

- Esto que explicáis –corta Chema- me recuerda una historia que viví en Uruguay cuando era más joven. Recuerdo que tenía un amigo homosexual al que un buen día, cuando tenía eso, unos 15 años, su cuñado y su hermana lo sentaron con la intención de hablar con él y *corregirlo*. Entonces le preguntaron: "A ver, Pedro, ¿con cuántos tíos te has enrollado?". Él era un tipo muy activo sexualmente, de los que iban desde los 12 o 13 años a los baños públicos a tener relaciones anónimas con un montón de tíos. Así que, cuando le preguntaron, levantó la vista al techo y empezó a contar mentalmente. Y al cabo de un buen rato dijo: "Unos mil". Claro, después de eso desistieron del empeño de *corregirlo*. El caso es que muchos años después de aquello yo volví a ver al tipo y la verdad es que se le veía bien.

- Creo que le dáis demasiadas vueltas –opina de nuevo Raúl-. Una mujer con 13 o 14 años está madura sexualmente. Y un hombre también. Así que es normal que a esa edad haya sexo y experimentación. Eso es bueno. En la mayoría de países civilizados que conozco es así. Y no pasa nada.

- No estoy tan seguro, Raúl –cuestiona Albert-. Yo no tengo hijos, pero me gustaría saber qué pensaríais si, como le pasó a un buen amigo mío, os encontrarais a vuestra hija de 13 años en un rellano de la escalera, un piso por debajo del vuestro, follando con dos tíos a la vez. ¿Pensaríais que aquello forma parte de su proceso de maduración sexual y os quedaríais tan anchos? Yo os confieso que es algo que se escapa a mis referentes. Me pregunto qué haría y navego, no sé qué contestar. Y que conste que soy de los que piensan que follar es sanísimo y que cada uno es libre de hacer lo que quiera. Pero entiendo la preocupación de un padre en una situación como esa.

- Mi hijo todavía es muy pequeño –explica Pol-, pero me pongo en situación y creo que no lo aceptaría. Quizás no le diría nada, pero no me parecería algo, por así decirlo, *normal*. Sentiría mucha rabia. Seguro que en seguida lo racionalizaría, pero la emoción inicial seguro que sería de rabia.

- Pero eso no tendría nada que ver contigo –le dice Raúl.

- Eso lo dices porque no eres padre –salta Marc-. Cuando eres padre todo lo que le pasa a tu hijo tiene que ver contigo. Otra cosa es que él o ella te permita opinar.

- Yo tengo una hija de 13 años –cuenta Mario- que ahora debe estar en casa mirando la tele mientras su padre está aquí hablando de sexo. Con ella intento ser un padre tolerante, pero reconozco que soy bastante *preguntón*. Y, claro, le pregunto si ya... Bueno, ya sabéis. Y ella siempre me dice: "Papá, tú siempre estás pensando en lo mismo". De lo cual deduzco que todavía nada. La verdad es que no sé cómo se comportará ella en los próximos años ni tengo idea de cómo me afectará a mí como padre ni de cómo actuaré. Es como plantearte qué harás si un día te atracan por la calle. Hasta que no te encuentras en situación, con la navaja apuntándote, no sabes cómo reaccionarás.

- Si me encontrara con la situación del amigo de Albert –especula Marc-, creo que intentaría hablar con ella. Tú dirás, Raúl, que no es asunto mío, pero yo creo que su educación sexual, como su educación en conjunto, no acaba a los 13 o 14 años. Y que el máximo responsable de su educación soy yo. Bueno, su madre y yo, claro. Por supuesto, la opinión de su madre también sería fundamental.

- Pero si ves algún día algo así será un accidente –sonríe Raúl-. Quiero decir que lo normal es que no te enteres. Más aún, yo diría que un padre no es la persona ideal para educar sexualmente a su hija, pues los padres tienden a fiscalizar. Me parece que una cosa y otra, en la práctica, son bastante incompatibles.

- De todas maneras –vuelve Manu imponiendo su voz grave-, lo fundamental es cómo lo vive ella. Si lo está disfrutando y no le genera ningún problema, adelante. Pero hay muchas chicas que tienen relaciones porque se supone que es lo que hay que hacer y que lo pasan fatal. Yo lo he vivido. Mi hija ahora es mayor, pero hace años lo pasaba mal con esa especie de obligación que estaba en el ambiente. Y que a veces llegaba a situaciones peligrosas, pues se encontraba con la presión de tíos que querían hacerlo sin condón. Evidentemente no me la encontré nunca ni pude ver si lo hacía con condón o sin condón, pero hablamos bastante del tema. Y os puedo asegurar que me importaba mucho saber si ella se sentía obligada o lo vivía bien.

- Os explicaré una cosa curiosa –dice Mario-. Yo fui padre bastante tarde, de manera que la mayoría de mis amigos tienen ahora hijos que ya son mayores de edad. Y hablando con mis amigos de sus hijos me he encontrado con una especie de contradicción: los que de jóvenes eran los más promiscuos del grupo, los más folladores, son ahora los más estrictos con sus hijas.

- Cree el ladrón que todos son de su condición… -proverbia Quim.

- Lo interesante también –dice Albert- sería saber si son igual de estrictos con sus hijos varones. Eso es lo primero que le pregunté yo a mi amigo cuando pude reaccionar y entender la situación. Le dije: "¿Cómo te lo habrías tomado si en lugar de tu hija fuese tu hijo?". Y él no supo qué contestarme.

- Perdonad que insista –insiste Marc-, a mí no me preocupa tanto que mi hija, cuando sea mayor, se vaya a la cama con treinta mil tíos como el hecho de que lo haga de forma consciente y que disfrute y aprenda con esas experiencias. Es como el tema de las drogas. Yo soy consciente de que hay que probar muchas cosas en la vida y que algunas entrañan riesgos. Yo también las he probado, al menos una cuantas. Pero me preocuparé en el momento en que yo perciba que para ella las drogas se han convertido en algo habitual, en una adicción que sólo busca la repetición, no el placer.

-Lo que pasa, Marc –apunta Quim, que tiene dos hijos ya mayores de edad y que por tanto puede disertar con conocimiento de causa- es que, a las edades de las que estamos hablando pesa mucho más la voz del grupo que la del padre y la madre. Eso es algo que cualquier psicólogo te confirmaría. Es la época de la negación de los padres. Y tú, por mucho que digas o hagas, no cuentas para ellos. Pasas de ser el referente a convertirte en un auténtico gilipollas que no entiendes nada de nada.

Pienso, mientras los escucho enzarzados en una discusión que empieza a repetirse a sí misma, en ese otro tópico que dice que los hombres no nos preocupamos de la educación de los pequeños. Y veo que, al menos en lo que respecta a educación sexual, sí parece haber cierta inquietud.

Miro el reloj, que marca ya las once y cuarto, y proclamo el final de la sesión. Algunos, enzarzados en la discusión, proponen ir a tomar algo y prolongarla. Esta vez me apunto. Vamos Quim, Raúl, Teo, Chema, Marc y yo.

Entramos en un bar de copas de una calle estrechita abarrotado de gente de edades diversas. Conseguimos hacernos milagrosamente con una mesa y seis sillas y, una vez instalados, sigue la conversación, esta vez sin grabadora de por medio.

Mientras hablamos, a Raúl lo machacan a SMSs. Se podría decir que lo acosan, aunque lo cierto es que se trata de un acoso consentido. Después de echar un vistazo rápido a la pantalla del móvil explica que ahora mantiene una relación con una mujer de 23 años que tiene novio. Le pregunto si es la misma que reclamó su presencia unas semanas atrás, cuando no se pudo quedar en El Ascensor a tomar un mojito. Responde que sí, por lo que no puedo resistirme a preguntarle qué ha pasado con aquel Raúl que aseguraba que él nunca repetía con una chica.

- Sí, sí, pero si le he dicho siete veces que no quería volver a acostarme con ella, pero no sé cómo se lo monta que al final me convence y vuelvo a caer. ¡Es que es un volcán, tío! Y además resulta que su novio es un remilgado que ni le come el coño. Y claro, como yo es lo primero que le hago cuando la veo…

Como si no lo hubiera escuchado, Teo comenta, creo que por segunda o tercera vez, que tenemos pendiente hablar de las relaciones homosexuales. Debe picarle la curiosidad… Le digo que está previsto hacerlo el próximo día. Chema comenta, como si tal cosa y haciendo alarde de su forma cruda de usar el lenguaje:

- Nunca me he hecho dar por el culo ni le he dado por el culo a un tío. Lo que sí hice en mi adolescencia fue pajear más de una vez a un amigo, e incluso chupé alguna polla. Pero de eso hace mucho.

Teo explica con cierto detalle innecesario que ha descubierto hace un año la estimulación anal gracias a su compañera, una mujer joven pero muy experimentada que lo ha introducido en nuevas prácticas. Se queja una vez más, sin embargo, de que desde que viven juntos la relación se ha estabilizado y se ha vuelto monótona y aburrida. Marc, por su parte, explica al resto cómo compagina su atracción tanto por mujeres como por hombres, pero la distancia (está en el otro extremo de la mesa), el ruido de las conversaciones adiacentes y la música me impiden escuchar lo que dice.

En eso Quim, al que no parece interesarle mucho el

tema *gay*, se despide arguyendo que al día siguiente le espera una jornada terrible. Raúl aprovecha el conato de desbandada y, con un ojo en el texto del último SMS, decide acudir a la llamada de la selva por enésima vez en escaso tiempo. Y yo, que sigo sin oír apenas nada de lo que Marc explica, decido que ha llegado el momento de pasar a otro tema. Así que desvío la mirada hacia la camarera, una argentina realmente simpática, y le pido otra cerveza.

EL SIDA Y LA LOTERÍA

Cuando nos encontramos para iniciar nuestra sexta reunión, lo primero que hago es disculpar la ausencia de Manu, que unos días antes ya me había advertido de que una vez empezada la temporada alta del turismo estival no podría abandonar ni de día ni de noche su puesto de recepcionista en un hotel de la Costa Brava.

Cuando ya estamos todos sentados alrededor de la mesita de centro con el piscolabis de rigor, recibo un SMS de Manu: "Recuerdos envidiosos desde el Empordà. Feliz charla y mejor sexo para todos". Se lo leo al resto de integrantes del grupo, que me piden que le conteste lo siguiente: "Aprovecha tú si puedes. Nosotros sólo vamos a hablar".

El último día me quedé con cierta inquietud tras el debate sobre la educación sexual de los jóvenes de hoy en día. Como padre de dos niños, uno de ellos ya con 9 años, precocidad y promiscuidad se me aparecen como sustantivos aceptables por separado, pero inquietantes cuando van juntos. No en vano seguimos viviendo en la Era del Sida, por más que los avances terapeúticos hayan mitigado su efecto devastador. Pregunto a los integrantes del grupo si comparten esta inquietud y el primero en responder es Mario:

- A mí, que tengo hijos adolescentes, me preocupa más el tema de las drogas, pero obviamente también procuro que estén advertidos de lo que puede pasarles si tienen prácticas sexuales de riesgo. A nivel personal creo que los hombres y mujeres de mi edad, es decir, los que tenemos alrededor de 50, hemos sido unos grandes privilegiados, pues hemos vivido unos años de liberación sexual sin sufrir el fantasma del sida. La sociedad salía de una época represiva, con lo cual había unas ganas locas de experimentar el sexo, y todavía no había aparecido en el escenario el miedo al sida, que en parte estropeó aquella alegría folladora. Fueron buenos tiempos para follar despreocupadamente.

Hoy se sienta a su izquierda Raúl, que habla a continuación:

- Entre la gente con la que yo me muevo, que son los de veintitantos, hay cierta conciencia del problema, pero tampoco nos condiciona mucho. No hay un temor latente, la verdad. Por supuesto se sabe que existe y que hay que tomar medidas para prevenirlo, pero no hay una sensación de gran riesgo. Yo me he informado y lo cierto es que las probabilidades estadísticas de contagiarme sin estar en un grupo de riesgo son bajísimas.

- Tú explicabas el primer día –recuerda Marc, que sigue aficionado a las camisetas de marca, la de hoy combinada con unos bermudas veraniegos repletos de bolsillos- que en el último año has tenido relaciones con un montón de mujeres diferentes. ¿Qué haces, utilizas siempre preservativo?

- No, la verdad es que no –admite Raúl-. Desgraciadamente no soy muy metódico en eso. Y muchas veces follo sin condón… Es que la sensación, el placer, es completamente diferente.

- Pero hacer eso es muy irresponsable, Raúl, ¿no crees? –le reprende Eduard, aunque sin amago de paternalismo.

- Hasta cierto punto. Yo he evaluado el riesgo de contagio, teniendo en cuenta el entorno en el que me muevo, y es muy pequeño. Por supuesto acepto que existe, pero en mi vida hay muchos otros riesgos y también los asumo con tranquilidad. Me refiero a que fumo, a que viajo… E insisto, no estoy en un grupo de riesgo.

- Eso del grupo de riesgo es muy relativo –opina Eduard-. El sida también se da, y cada vez más, en las relaciones heterosexuales.

- Sí, lo sé –acepta Raúl-. Y no te niego que hay un porcentaje de riesgo, pero es muy pequeño. Te pongo un caso real y próximo. A un familiar mío le han diagnosticado de sida dos años después de una relación. Tiene mujer y tres hijos. Después de descubrir que tenía sida, todos se han hecho la prueba y ninguno de ellos está contagiado.

- Yo también conozco un caso –explica Mario-. Una amiga mía estuvo tres años follando con su marido sin saber que él tenía el sida. Cuando él se murió, ella se hizo la prueba y le salió negativa.

- Bueno, eso es como el que juega una vez a la lotería y le toca mientras que hay un montón de gente que juega cada semana y no le toca nunca –apunta Albert, al que ha vuelto a crecerle el cabello y lucha de nuevo con el rizo rebelde que le cae sobre la frente.

- El famoso azar... -anuncia Mario, como recitando un poema-. Pero lo que me parece más curioso es eso que explicas, Raúl, sobre la asunción de riesgos. Yo tengo un amigo que es sólo un poco mayor que tú, tiene trenta y tantos, y que tiene una vida sexual bastante activa. Y no usa condón. Cuando me lo dijo, claro, le dije que estaba loco y que hiciera el favor de tomar medidas. Pero me hizo un razonamiento que me dejó planchado. Me dijo: "Mira, yo no tengo coche, no bebo ni fumo, no tomo drogas de ningún tipo, no practico deportes de aventura, no atravieso la calle con el semáforo en rojo. Así que he decidido que mi porcentaje de riesgo vital lo pongo en esa actividad, en follar sin condón".

- ¡Joder, qué planteamiento más racional! –se sorprende Chema, que hoy ha salido de la clase de antigimnasia y viste todavía un cómodo conjunto de algodón en tonos crudos.

- Sí, sí, a mi me parece cuando menos curioso –coincide Mario.

- Yo creo que es una responsabilidad compartida –añade a su razonamiento Raúl-. O una irresponsabilidad, según se mire... Me refiero a que las mujeres con las que follo sin condón también asumen su parte de riesgo. Ellas son perfectamente conscientes de que existe una posibilidad, aunque sea pequeña, de que nos contagiemos.

- No es lo mismo, claro –interviene Teo-, pero antes existía el riesgo del embarazo. Yo lo tenía muy presente.

- Sí, yo también –se suma Marc-, aunque como ya os

he explicado mi primer polvo fue sin condón y luego me pasé dos meses con los huevos por corbata…

- Ahora ese riesgo, el del embarazo –explica de nuevo Raúl-, puede que exista entre los adolescentes, pero en la gente de mi edad está ya superado.

- Volviendo al tema del sida –dice Albert-, hace sólo un par de semanas me pasó algo que me dejó un poco desconcertado. Una mujer, estando en mi casa, me preguntó: "¿Cuándo te has hecho los últimos análisis?". Me quedé de piedra. ¿Os ha pasado alguna vez?

- Sí, a mí más de una vez –reconoce Chema.

- A mí también –coincide Raúl.

El resto niega con la cabeza o bien permanece en silencio.

- ¿Y os habéis hecho la prueba del sida? –pregunta Teo, con una expresión de inocencia que denota que él no.

- Yo la pedí hace poco –comenta Mario-, durante una visita de control al cardiólogo por un tema de unas arritmias. Pero me dijeron que hay que esperar tres meses después de la práctica de riesgo antes de hacerte la prueba. Por lo visto el virus puede no detectarse en esos primeros tres meses.

- Yo me he hecho la prueba tres veces –informa Chema-. Siempre es un mal trago, pero la primera vez fue sin duda la peor. Realmente estaba acojonado. Recuerdo que iba a recoger el resultado y caminaba lento, lento, como si fuera al cadalso.

- Coincido totalmente contigo –explica Marc-. Yo me la he hecho una vez. Me preocupaba sobre todo que había tenido una relación con un tío y había tocado su semen. Yo sabía que las posibilidades de contagio eran mínimas, pero como tengo una mujer y una hija no quise jugármela. Una cosa es que yo me pueda poner en situación de riesgo, que procuro evitarlo al máximo, y otra muy distinta que pueda poner en peligro a seres queridos. Y cuando fui a buscar el resultado fue como en esas películas americanas de juicios, cuando el acusado se tiene que poner en pie y escuchar el veredicto del jurado. Culpable o inocente. Positivo o negativo. En cualquier caso, el momento de recoger los resultados es muy duro, es como si estuvieras sólo ante el peligro. Afortunadamente, salió negativo.

Por un momento todo el mundo se queda pensativo, supongo que tratando de asimilar la escena que describen Chema y Marc. O de imaginar qué sentirían en una situación parecida.

Yo aprovecho y rebobino mentalmente porque no me ha quedado claro en qué circunstancias la amante de Albert le preguntó lo de las pruebas. Le pido que lo aclare:

- Pues había ligado con ella, una mujer guapísima y joven, muy joven. Fuimos a mi casa y una vez allí, antes de hacer el amor, me lo preguntó. Y yo me quedé completamente frío. Me bajó la excitación de golpe.

- A mí –recuerda Raúl- una vez me lo preguntaron a posteriori. Una chica que acabó enfadada conmigo me envió un SMS en el que me decía: "¿Ya te has hecho las pruebas?". Pero no era porque le preocupara en realidad, sino para fastidiarme, para meterme miedo y vengarse.

- ¡Qué mala leche! –exclama Quim.

- Sí, pero bueno... Otra sorpresa que tuve no hace mucho es que no me dejaron donar sangre. Me dijeron que si había estado con más de tres chicas en el último año no podía. Y claro, precisamente este último año...

- Pero, ¿cómo pueden saberlo? –se interesa Teo-. Se tienen que fiar de tu palabra, ¿no?

- Sí, así es. Pero si me dejáis, volveré un momento a lo de antes. Alguien se sorprendía, creo que Mario, de que pudiera vivir asumiendo el riesgo de poder pillar el sida. La cuestión es que no quiero vivir con el miedo a los muchos riesgos que tiene la vida. Un día me puede caer una maceta en la cabeza y partírmela, pero me niego a vivir mirando todo el rato al cielo a ver si cae la maceta o no.

- Hombre, Raúl –cuestiona Albert-, no es lo mismo que te caiga una maceta o un rayo a que pilles el sida por no usar condón. La primera cosa es bastante inevitable, no la controlas; la segunda puedes evitarla y sabes cómo hacerlo. De todos modos, lo que me parecería más grave es que alguien, sabiendo que es portador del virus, se dedicara a follar sin condón.

- Yo encuentro moralmente reprobable –se une Eduard- follar sin condón si crees que existe una posibilidad, aunque sea mínima, de que puedas tener el virus.

- Claro –coincide Chema-, es que a lo mejor follas con una chica estupenda y educadísima que jamás dirías que está en un grupo de riesgo, pero a lo peor ella folló el día antes con un tío que tenía el virus y se lo contagió. Y tú eres un buen chico y ella es una buena chica, pero... Potencialmente todos los que tenemos una vida sexual mínimamente promiscua podemos ser transmisores del virus.

- Sí, tenéis razón –admite a regañadientes Raúl-, pero creo que también interviene la libertad de cada uno...

- De todos modos –apunta Teo, al que a veces le gusta más preguntar que explicar-, me sorprende una cosa: ¿ellas no te piden que te pongas el condón?

- Si me lo piden lo hago. De hecho, siempre procuro llevar condones encima.

- Pues yo no la metería sin condón –anuncia Chema, con su habitual ligereza léxica.

- Yo también lo suelo utilizar –se añade Albert.

- Yo no suelo –puntualiza Chema-: siempre lo uso.

Curiosamente el tema del sida ha provocado que todos se pongan serios. Supongo que hay cuestiones sobre las que mejor no bromear. Eduard vuelve sobre el tema del condón:

- Yo no asumo lo que algunos comentáis de los riesgos innecesarios, pero reconozco que el preservativo puede romper la magia del momento. Le resta naturalidad al acto, espontaneidad.

- ¿Y alguna vez os la han chupado con condón?

Vaya, Teo siempre tan directo... Pero bueno, no parece que nadie se escandalice, así que sigamos.

OTROS TÍTULOS DE LA SERIE

Cazadores y cazados

Vivir en pareja (o no)

Orgasmos místicos, vulgares, submarinos

El tamaño importa

www.ingramcontent.com/pod-product-compliance
Lightning Source LLC
Chambersburg PA
CBHW020508160726
47991CB00007B/2863